Arno Reinfrank

RaketenGlück

Reinfranks Hauptwerk, das »lyrische Großunternehmen« der »Poesie der Fakten«, fast dreißig Jahre lang vom Dichter beharrlich verfolgt, findet mit Band 10 seinen voluntaristischen Abschluß. Sein Versuch war ein Wagnis, sich in lyrischer Form mit den brennendsten Gegenwartsfragen auseinanderzusetzen und dabei einen Kontrapunkt zu einer »fast autistisch gewordenen«, sich in formellen Spielereien erschöpfenden Poesie zu setzen.

»...in allen erdenklichen technischen oder wissenschaftlichen Fakten entdeckt Reinfranks poetische Neugier ›Chiffren‹, ›Zeugnisse‹ oder ›Manifestationen‹ für wegweisende Einsichten, Fähigkeiten oder Lösungen. Entstanden sind exemplarische, poetische Analysen in aufklärerisch-didaktischer Absicht... Immer wieder münden Beschreibung, Reflexion und poetische Verdichtung praktischer Phantasien ein in Träume, Sehnsüchte und Utopien von einer besseren, neuen Welt.« (*LiteraturLexikon Rheinland-Pfalz*)

Die Veröffentlichung des Buches wurde gefördert durch das Ministerium für Kultur, Jugend, Familie und Frauen Rheinland-Pfalz.

Arno Reinfrank, geboren 1934 in Mannheim. Schriftsteller, Publizist und Übersetzer. 1946 erste Gedichte, seit 1950 Lesungen und Veröffentlichungen. Ab 1951 Journalist in Paris und Synchrontexter in Berlin. Verließ aus Protest gegen die Restauration 1955 die Bundesrepublik und lebt seitdem in London. Mitglied im P.E.N. seit 1956. Zahlreiche Auszeichnungen, u.a. Kurt-Tucholsky-Buchpreis 1957. Zahlreiche Buchveröffentlichungen. Bei Brandes & Apsel ist erschienen: *Im Garten der Verrückten. Gedichte aus fünf Jahreszeiten.*

Arno Reinfrank

RaketenGlück

Poesie der Fakten 10

Brandes & Apsel

Auf Wunsch informieren wir regelmäßig über das Verlagsprogramm:
Brandes & Apsel Verlag, Scheidswaldstr. 33, D–60385 Frankfurt a. M.
e-mail: brandes-apsel@t-online.de
Internet: www.brandes-apsel-verlag.de

Die Deutsche Bibliothek – CIP-Einheitsaufnahme:

Reinfrank, Arno:
Poesie der Fakten / Arno Reinfrank. - Frankfurt a.M.: Brandes und Apsel
10. RaketenGlück. - 1. Aufl. - 2001
(Literarisches Programm; 82)
ISBN 3-86099-482-4

literarisches programm 82

1. Auflage 2001

Lektorat: Volkhard Brandes
DTP: Antje Tauchmann
Abbildung Vorderseite Umschlag: Christian M. Knecht, Aschaffenburg.
Mit freundlicher Genehmigung.
Foto Umschlagrückseite: Manfred Rinderspacher
Druck und Verarbeitung: Difo-Druck OHG, Bamberg, Germany
Gedruckt auf säurefreiem, alterungsbeständigem und chlorfrei
gebleichtem Papier.

ISBN 3-86099-482-4

Inhalt

Fakt 4
Die treffende Wissenschaft

Fakt 5
Das frostige Kalkül

Fakt 6
Der unfügbare Mensch

Fakt 1

Der endlose Himmel

FÜNFUNDZWANZIG DYNASTIEN

Zum Weltende sei's fünfundzwanzig Dynastien weit,
das hatte man sich in Ägypten ausgerechnet.
Damals war noch der Himmel ein Metallgewölbe,
aus dem fand man herabgefallne Eisenstücke.

Wir wollen stets die Hand ans Wissen legen dürfen,
und unser Glaube sucht nach festen Fundamenten.
Wieviel ist von den Dynastien jetzt noch übrig,
bis das erprobte Leben uns vor neue Proben stellt?

Fürs überkommne Rechnen läuft die Zeit schon aus.

STADTSTERN BETH LE-HEM

Mein Stern ist ein jubilierender.
Er leuchtet Lichtbahnen legend.
Er sprang hervor aus einer Explosion
am Tag meines Eintritts in die Welt.

Denn als Mutter gebiert der Himmel
jedem Menschen einen Stern.
(Auch gerechte Worte und Zärtlichkeiten
finden Platz zwischen Himmelskörpern.)

Menschen bestimmen die Sterne
wie diese lange die Menschen bestimmten.
Von einer Menge kennt man den Weg
genau aufs Jahrtausend berechnet.

Jede Nacht erstelle ich meinem Stern
sein Schicksals-Horoskop.
Ich erstelle es ihm als Geschenk,
»damit er nicht strauchle«.

Wie einsam wäre ihm ohne mich,
gleich dem Göppelpferd am Wasserschöpfrad
pendelnd zwischen weit und nah
und gebogen wie eine Olive.

Ich ziehe ihn oft ins Vertrauen.
Er muß wissen, was mir weh tut.
Durch Radiosignale erfährt er,
wenn Bitten zu stellen sind.

Da ist noch Wohngeld zu zahlen
an Überlebende im Bettenspital.
Raketenverletzte sind zu amputieren
und die Stummel in Müll zu verhüllen.

Will er mit Flimmern heraus
bei den Mordfeiern der Mächtigen,
bricht Streit aus zwischen ihm und mir.
Ich lehre ihn die Kunst des Sabotierens.

O, sie nennen uns unbedeutend
in der ihnen eigenen Gemeinheit.
Schätzen kann man uns, nicht zählen,
und deshalb mit nichts vergleichen.

Sterbe ich vor ihm (wie es sein wird),
trägt sein Strahlen mich weit in die Zukunft
als Zeugnis seines Lebens hier bei uns,
wo er ohne mich wirkungslos wäre -

nur ein Lichtstück ohne irdische Spur.

KLEINGROSSE BLICKE

Er ließ es 1665 drucken,
das »Micrographiabuch«,
und was er erntete, war Spott.

Denn Robert Hooke teilte mit,
man könne Fliegenaugen, Flohbeine
und Waben eines Korken sehen.

Was seither Röntgen-Holographie
vorlegt an Zellbildern, Rißeinsichten,
steht vor uns dreidimensional.

Im giftverseuchten Regenwurm
werden die Schwermetalle sichtbar
und Pollenhaar vom Fingerhut.

Denn Gründerträume werden wirklich,
sagen die Mikroskopenkonstrukteure,
und wer in kleine Optik investiere –

dem würden groß die Augen.

SONNENGEBET

Da draußen hängt ein Feuerball als Schelm
mit gürtellosem vollem Bauch,
aus dem fahren die Darmgaswinde leuchtend.
Der Glutstern ist für uns ein Weib.

Die fette Kugel feixt magnetisch.
Sie läßt die Weltraumfähren Abstand halten.
Mit »Nimbus 7« und mit anderem Gerät
enthüllten wir viel ihrer Neuigkeiten.

Daß elf die Jahreszahl der Zyklen sei,
in denen Sonnenflecken explodieren,
war schon dem Apotheker Rudolf Wolf bekannt.
Elf ist die Primzahl aller Närrischkeit.

Ihr trauen wir viel Einfluß zu
auf unsre allirdischen Angelegenheiten.
Der Weizenpreis, sagte Sir William Herschel,
wurde ein Sonnenfleckenopfer 1801.

Somit müßten die Sonnenforscher
mit dem Narhalla-Marsch vorweg geblasen
als Elferrat zusammentreten
und Wissenschaft das Büttenthema sein.

Der Witzvorrat an himmlischen Pointen
gäbe viel her: Am dreizehnten
des Märzmonats des Jahres 1989
versagte Quebecs Stromversorgung.

Die Sonnenblitze hatten sie erledigt.
Im gleichen Jahre im August
mußte die Börse von Toronto schließen:
Protonenströme überfielen die Computer.

Wer sich da Freund der Sonne nennt,
legt ein gefährliches Bekenntnis ab.
Die Narrenpritsche aus dem Sternenhimmel
drischt uns ganz nach Belieben.

Drischt uns für unsre Eselei,
als Götzengläubige durchs Gras zu trampeln
anstatt den Kosmosdimensionen
neue Gebetsformeln zu suchen -

während der Schelm da draußen
lacht und leuchtet.

STEIGENDER WASSERSPIEGEL

Unter dem kalten Daumendruck
der Gegenwart
zeigt unser Globus
wie ein Gummiball
Ausschwellungen und Dellen.
Die Geophysiker
sind mit elektronischen Signalen
beim Abwiegen
der Welteisplatten.

Denn dieses Eis
ist uns mehr wert
als alles Gold.
Wird es zu Wasser,
versinkt mit Dorf und Stadt
das flache Land
in hohen Fluten.
Mit Millimetern fängt
die Folgenschwere an.

Fegt Warmwetter
auf die Antarktis
Schnee in Massen,
vermehrt sich das Gewicht
der Eisbedeckung.
In Grönland geht
die Gletscherschmelze
ab in das Meer und macht
die Erdhaut leicht.

Der Zweiten Flut
ist kein Entkommen,
doch ihr Heraufziehen
nimmt sich viel Zeit.
Zur Herstellung
des Gleichgewichts
zwischen den Menschen
unter dem kalten Daumendruck
der Gegenwart

ist sie nicht zu gebrauchen.

NEO-HEILIGER GRAL

Ein Gitterflügel wie ein Riesentaschenkamm
- vier Batterien treiben zehn Propeller -
ist fernlenkbar als leichter Raumspion
im wolkenarmen Kalifornien aufgestiegen,
wo mehr von diesen Apparaten fliegen.
An einem andern Typ erprobt man schon,
ob er solarzellengespeist nicht höher, schneller
in Raumwindferne steigen kann.

»Heiliger Gral« lautet sein NASA-Aktenzeichen.
Er ist für Atmosphärenwachdienste geplant
und kann in Speichern tags Solarkraft laden,
die nachts ihm die Motore treibt,
damit er unentwegt am Himmel bleibt.
Weg mit dem Tod als Störfaktor und Schaden!
Wie es schon Dädalos vorausgeahnt,
wird man die Ewigkeit damit erreichen.

Wenn dies erst im Maschinenbau gelingen wird,
ist es für uns, das Bodenhockervolk, soweit,
der Technik nachzuzieh'n, die es vollbrachte,
dem Zwang des Sterbenmüssens zu entgehen.
In Massen werden wir von Stärkeren abgeschlachtet sehen
alles, was schwach und nicht genug Gewinne machte.
Die Neo-Gralsgötter wollen für alle Zeit
nur den zum Freund, der ihnen Weihrauch bringen wird.

FLIEGENDE UNTERTASSEN

An einem Juniabend anno 1947
- es war der vierundzwanzigste genau -
kam es zum allerersten UFO-Sichten.

Beim Soloflug in der Privatmaschine
sah Kenneth Arnold neun ihn überraschende Objekte
das Firmament durchsausen.

Ein Funker gab ihnen den Namen »Untertassen«,
und bald war in den USA Ufologie
zum Star-Thema der Medien avanciert.

Luftwaffenoffiziere blickten grimmig,
Regierungsgeld für Nachforschungen gab man aus.
Edmund U. Condon schrieb fast tausend Seiten.

Als sein Report erschien (nach zwanzig Jahren!)
veränderten die Negativbefunde nichts.
Amerikaner glaubten an die Außerirdischen.

Man konnte sie auf Halluzinationen,
Mißdeutungen von Meteoren, Satellitenrückkehr,
auf Scharlatane und Betrug verweisen: Nichts.

Nichts darf die Hoffnung ihrer Herzen stören,
das neue Zeitalter der Menschenliebe
werde mit UFO-Landungen beginnen.

Wie lange ist es uns versprochen!
Wer will noch Priestern oder Parlamenten glauben?
Vom Himmel wird das leichte Glück erwartet -

und Steven Spielberg dreht den Film dazu.

DER MOND IST FEST

In memoriam Sergej Koroljow

Im Institut für Mondforschung
wirbelten Zweifel:
Um auf dem Himmelskörper
Landungen zu planen
war Faktenkenntnis
der Oberfläche nötig -
ist sie wie Treibsand
flüssig? Oder fest?

Man kannte nur,
was man durchs Fernrohr sah.
(Erstmals in der Geschichte
der Raumneugier
flog 1959 ein Fotoapparat
am Mond vorbei.)
Das Rätselraten endete
als russische Entscheidung.

In einem offiziellen Schriftstück
jener nicht zu fernen Tage
liest man von Sergej Koroljow
den spröden Satz:
»Der Mond ist fest.«
Mehr gab es nicht,
und der Beweis
lag bei dem Erdtrabant.

Am Anfang war allein
die Kraft menschlicher Überzeugung,
wenn auch die Rechner
Zahlen über Zahlen spien.

Der Mann selbst stand
als Pfand für seine These -
leicht hätt' ein Fehlschlag
ihm den Kopf gekostet.

Es war die Zeit der Leiden,
Mordwillkür und Siege.
Den Lohn gab's
aus der Staatskasse und frei
von Dollar-, Rubel- und Börsianersorgen.
Was Wissenschaft bewies,
schmückte das Buch der Welt.

»Es war einmal...«
beginnen alle Märchen.
Deshalb erzähl' ich euch
hier von den Lunochods,
den Mondfahrzeugen, Mondbohrungen
und den Eroberern,
damit im Trance des Internet

der Mensch die Fähigkeit
zu großen Taten
nicht leichtfertig vergesse.

NEUBAU GLÜCKSRAKETE

Im Gleitflug landete die Fähre
nach sechsunddreißig Erdumkreisungen.
Noch nie zuvor kam durch die Lüfte
solch tonnenschwerer Güterwagen angebraust.
Vom Jubelruf der Zuschauer
stoben die Vögel Kaliforniens auf.

So war das beim Columbiaflug,
und zwanzig Jahre nach dem Wostok-Welterfolg
des rotbesternten Majors Juri Gagarin.
Den Lorbeer holten sich die USA
mit bessrer Technik aus den Himmeln:
Weltraum als Machtspielplatz.

Leicht machbar sieht das alles aus,
aber bedenkt:
Zwanzig Minuten vor dem Start
gab der Computer fehlerhafte Uhrenwerte
in das Primärsystem für die Motore -
ein Fetzen Todesschatten auf der Wand.

Der ist Begleiter jeder rosaheißen Glocke
aus Glasplasma, wenn nach dem Überschallgesetz
minutenlange Radiostille herrscht.
Sei dies die Stille fürs Bedenken,
im Angesicht des Notstands unsrer Welt
den Bau endlich voranzutreiben

der ersten Glücksrakete.

Fakt 2

Die zungengebundene Erde

GEDENKTAFEL

Wohin verschwinden bloß im Winter
die Schwalben? Der Kuckuck fliegt wohin?
Die Schwalben tauchen in den Schlamm der Teiche.
Der Kuckuck wandelt sich zum Sperber.

Woher kommen die Frösche und die Schlangen?
Sie kommen aus dem Schlamm der Teiche.
Und wer erzeugt das Plageheer der Mäuse?
Aus Lumpen werden sie geboren.

Bedenke, Lacher, ehe du laut lachst,
gab's nicht für deinesgleichen einmal Scheiterhaufen?
Wo die Voraussetzung willkürlich ist,
erlaubt sie Folgerungen endlos und beliebig.

SCHLANGENMENSCHEN

Im Land von König Phyllos kannte
das Volk laut Plinius das Geheimnis,
wie gegen Schlangen sich zu feien.

Belecken mußte man den Stich der Natter,
und schon zog sich das Gift zurück.
Die Priester machten daraus ein Gewerbe.

Ihr Achselhaar und auch der Busch der Scham
verströmten scharfe Zauberdünste,
die ließen alles Wurmzeug schläfrig werden.

So sicher war man sich der Sache,
daß man die neugebornen Säuglinge blutwarm
Reptilien in die Nester warf.

Dies galt zugleich als Tugendprobe.
Nur in die ehebrecherisch gezeugten Kinder
schlugen die Vipern ihren Zahn.

Damit die Priester Recht behielten,
wurden die Mütter hingerichtet.
Was Wunder, daß von diesen mysteriösen Menschen

heut niemand mehr am Leben ist.

DES LEBENS ALMANACH

Als sich in alter Zeit
der Ackerbau ausbreitete,
geschah das Jahr um Jahr
um ein paar Kilometer.
Von Südpolen bis Nordschottland
geschah das in Jahrtausenden.

Schon damals sangen im Gebüsch
nur Nachtigallen-Männchen.
In Tibet aß man nach der Hochzeit
die Schwiegermütter auf
und Schüsselchen voll Salz
vertrieben böse Geister.

Albaniens König
war ein starker Raucher
und brachte es am Tag
auf zweimal 120 Zigaretten.
Die erste Universität der Welt
entstand in Fes aus Sand.

Als Kaufpreis für Diana Dors
war ein berühmter Scheich bereit,
zwei Dutzend bester Reitkamele
gesattelt herzugeben.
Die Kaffernbiene stellte
das Fliegen bis auf weiteres ein.

Abermillionen Lichtjahr-Kilometer
durchdringt das Herschel-Teleskop,
das auf Las Palmas steht.
Es mißt und mißt und mißt
die infraroten Wärmestrahlen.
Der Dachs ist mit dem Fischotter verwandt.

Ist nicht mit allem Möglichen
der Almanach des Lebens voll?
Als erstmals in der Arktis
die Pinguine Menschen sahen,
glitten sie auf vereistem Boden aus
und fielen hilflos auf den Rücken.

SCHLUCHTGESPRÄCH

Glaubt nicht,
die Felsen seien tot.
Ein jeder
steckt voll Leben.

Kanten sie
nicht jählings ab?
Knackt nicht
ein Frost sie auf?

Tunkt ihr Gewicht
sie unter sich,
steigt nebenan
Gebirge hoch.

Kristalle sind
von Gas durchschäumt,
und Mineralien
backt die Zeit zusammen.

Man muß den Puls
im Fels erlauschen,
rät Thomas Mann
jungen Autoren.

Denn wo Glutflut
Vulkanisches
in Sedimente teigt,
versteinert Leben sich

bis zum uralten Schädel.

MARIANISCHES GESCHMEIDE

Um 1880 war man überzeugt,
der Himmel säte Diamanten
als Aeroliten aus
und Götter hätten
den Glanz hineingesteckt,
der aufblitze im Schliff.

Nach andrer Deutung
wuchsen Diamanten
gleich Pflanzen,
da man Wasser eingeschlossen fand
und seltner Bernsteintiere.
Das alles über Kohlenstoff.

Zwar stellt die Industrie
längst Diamanten künstlich her,
doch wer die Wunder liebt,
dem ist das kein Beweis.
Die Gottesmutter selbst
schuf Diamanten sich zum Schmuck -

ein wenig Eitelkeit sei menschlich.

SILIKON VALLEY

Erschiene die Prinzessin auf der Erbse
des vormittags
in unsrem Silikonlabor
für Mikrochips-Herstellung –
wir würden sie sehr höflich
zu den kristallnen Polituren führen.

Sie müßte freilich
einen weißen Mantel tragen
und Haube, Handschuhe, ganz wie im Hospital.
Wehe der Raucherin,
die hustend aus der Zigarettenpause kommt:
Wir atmen Filterluft.

Die Dame dürfte Umschau halten
dort, wo der Laserstrahl
der ultrareinen Unterlage
ein Netz von Straßen eingraviert
und aufgedämpft und eingeätzt
sich Schicht um Schicht zusammenfügen.

Wir zeigten ihr das Maskenmachen
in Vakuumkammern voller Trockeneis und Helium.
Halbleiterwaffeln rollten
zu Dutzenden gefertigt
als Transistoren in Spezialkassetten
zur Prüfung in den Nebenraum.

Wir fragten ihre Hoheit,
wie viele Stäubchen sie denn drücken fühle
unter dem Kissen ihres Sitzes?
Wäre es auch eines nur,
wir müßten unsre Firma schließen.
Aus hellen Aluminiumaugen lächelt sie:

Oh danke! Hier ist's mir bequem!

DREI STUNDEN

Das feuerfeste Kabel ist erfunden.
Die Firma Philips stellt es her.
Es hält 850 Celsiusgrade aus.

Man spricht von Widerständigkeit der »Kabelseele«.
(Nicht unsrer gleichend, da aus Kupfer.)
Drei Stunden Feuer tuen nichts.

Die U-Bahnschächte, Kernkraftwerke
melden erhöhte Sicherheit
wie auch die Rechenzentren.

Die neue Seele ist vor Kurzschlüssen
durch Löschwasserkontakt gefeit.
Das Zeitalter erfordert Härte.

Denn sicher werden auch die Temperaturen
der Fegefeuerqual erhöht.
Nur feuerfeste Seelen haben Aussicht -

drei Stunden Kommendes zu überstehen.

WELTMARKTFÜHRER

Weltmarktführer sprechen für sich selbst.
Nehmt die Bayrischen Motorenwerke -
die herrschen über die Marken BMW,
Land Rover, Rover, Rolls Royce und MG.

Aus Italiens Fiatbranchen rollen
Fiat, Lancia, Innocenti,
Alfa Romeo, Autobianchi,
Maserati und Ferrari.

Volkswagen ist Welthersteller
von VW, Skoda, Audi und Seat,
Bugatti, Lamborghini, Bentley. -
Peugeot und Citroen sind von der PSA.

General Motors, stärkster der Giganten,
stellt Buick her, Saturn, Pontiac,
Opel, Oldsmobile, Vauxhall, Holden,
Cadillac, Chevrolet und Saab.

Alle bauen sie dasselbe
mit denselben Teilen selber Firmen,
doch hört man sie auf dem Markt behaupten,
es trenne sie der Wettbewerb.

UNBEACHTETE WARNTAFEL

In Tankfahrzeugen und Transportern
rollen alljährlich 20 000 Tonnen Gifte
über die deutschen Straßen.

Um uns den Seelenfrieden zu erhalten,
gibt es ein engbeschriebenes Weisungsbuch
zur Unfall-Vorbeugung.

Es ist 5000 Seiten stark
und nur ein Heiliger kann es benützen.
O Sicherheitsgesetze!

Mit falschen Angaben sind schnell
die Umweltaufseher zu blenden.
Sühneverfahren sinken in den Schlamm der Zeit.

Zehntausend Materialien ungefähr
verbrauchen Massenproduzenten heute,
und gifthaltig ist jedes.

Wenn der Kanari in der Grube
das Singen aufgab, warnte dies den Bergmann:
Gefahr im Schacht.

Das ist schon lange her.

MARKTWIRTSCHAFTLICHES ALPHABET

A sagt zu B, daß man in C
D-Erz gewinnt für Eisen.
Dazu wird Brennstoff E gebraucht
in F-Öfen, wo's dampft und raucht
und G zum Himmel weisen.
Durch H fängt man Rauchabgas ein,
um es I-rein zu sieben,
da J Umweltprobleme schafft,
als L bilanzgeschrieben.
Es leidet M, das Endprodukt,
an den um N erhöhten Preisen,
sei's Blech im OPQ-Verkauf
oder zum Stangenschweißen.
R, ewig wacher Konkurrent,
erfaßt mit S die Lage
und senkt den eigenen T-Tarif,
Anlaß für U zur Klage.
V weist sie ab, W wird geschrie'n,
X schafft die Arbeitslosen,
und Y, die Marktkrise,
endet mit Z, dem großen.

FRÖHLICHES WACHSTUM

Zum Bau des Panamakanals
beschloß man 1879 in Paris
ein Ausschachtungsprogramm,
das setzte Erdreich in Bewegung
in Massen ungekannt gigantisch.

Dies Erdschollen- und Steingebirge
verdoppelten die Raupenschlepper,
als sie im Staubgedonner der Motore
am Mississippi 1936
die Dammbefestigung auffuhren.

Kubikmeter ermessen nicht
die Flut gedankenloser Taten,
die alle Ufermauern übersteigt.
Der Unsinn und sein Machtanspruch,
Rechnungen, Müll, die Hungrigen -

vorm Wachsen hält sich nichts zurück.

BERLINER GLASKUPPEL

Am Reichstag, der dem Bundestag
das neue Dach leiht in Berlin,
galt es die Wandelhalle einzuglasen.

Geschweißte Scheibenrahmen waren vorgesehen.
Doch da sie viel zu teuer kamen,
verwarf man sie. Aus Optikgründen.

Ein anderes Angebot hingegen löste
die Aufgabe wie maßgeschneidert.
Schraub-Steck-Verbindungstechnik heißt das.

Mit Rohrprofilen fügte man
halbtonnenschwere Einzelteile
sturmfest und wetterhart zusammen.

Sturmfest und wetterhart verschraubt
wollen sie Zukunftswinden trotzen.
Wenige kleine Technikfehler korrigierte man.

Die kommend großen werden
folgenreicher sein...

EISERNER STEG

Sie nennen die Brücke
den Eisernen Steg,
auf dem sie
den Main überschreiten.
Flußübergänge
vergitterter Art
gab es viele
in alteisernen Zeiten.

Als Streben aus Stahl,
Profil in Metall
und gekrümmte Schiene
voll Kanten
lag das Gebinde
vernietet, verschweißt
auf Pfeilern,
die Versteifungen spannten.

Zum Rostschutz
und als farbiges Kleid
galt Mennige-Anstrich,
und den teerte
der Rauch der Loks,
der wie der Mensch
sich im Wind
des Vergehens klärte.

Die Brücken von heute
sind leicht betoniert,
sie hängen
am Pylon von oben.
Auf Frachtern bringt man
das fertige Teil,

vom Hubkran
        ins Traglot geschoben.
Metall verstrickt
        in Plastgeflecht -
den Sinn
        hält die Technik verborgen.
Wir suchen den Deutpfeil
        und sehen nur dies:
Erkenntnis
        ist Antwort von morgen.

FUN TIME

In Stuttgart hieß der Schwabenkönig
im Garten seines Schlosses
besondre Wasserspiele anzulegen.
Für den Eröffnungsabend
wurde der Hofstaat eingeladen.

Man bat die Gäste höflich,
auf Marmorbänken Platz zu nehmen,
zu deren in den Sitz gebohrten Löchern
die Ingenieure unter Schweigepflicht
ein Bleirohrnetz zu führen hatten.

Die Damen und die Hofräte und Diplomaten
begrüßten laut mit »Ah« und »Oh«
die Bogenstrahlen der Fontänen,
bis ihnen plötzlich kaltes Wasser
die Hinterteile näßte.

Triefend aus Rock und Hose
durften sie ihren Protest nicht zeigen
noch anderes Empören,
denn der Monarch stand auf der Balustrade
und lachte Tränen über diesen Spaß.

Auch unsre Präsidenten
belieben manches Mal zu scherzen,
doch will es keinem offenbar
so recht gelingen,
so daß in unsrer Gegenwart

die Späße nicht zum Lachen sind.

VON DEN MOSCHEEN

Zu den Geschichten
von der Lampe Aladins
brachten die Alten aus dem Nahen Osten
die Furcht vor krummen Säbeln mit
und manches zum Vernarben.

Als Wunderteppich des Orients
lagen die Sultanate ausgerollt,
wo süß und dick der Mokka floß
und die Gefälligkeiten
sich nach dem Bakschisch richteten.

Den Armen dortzulande singt
der Mullah immer noch
die Suren des Korans.
Auf wollgeknüpften Gartenbildern
knien die Beter.

Sie knien heute auch
in der Moschee von Schwetzingen,
die ich als Kind
wie eine Kirmesattraktion bestaunte.
Voltaire stand schon davor.

Voltaire,
der auf dem Reiseweg
von Preußen nach Paris
in Mannheim bei Carl Theodor
laut in die Zukunft lachte.

Denn gestern erst
verließ ein Frachter Hamburg
mit über tausend Beton-Mischmaschinen.
Sie gehn mit Panzern laut Vertrag
in die Türkei: O Aladin –

laß deine Lampe nicht verlöschen.

ALTERNATIVEN

Die Gitterordnung herrscht
als Feststruktur in den Kristallen.
Axial und musterhaft verteilen sich
Atome, Moleküle und Ionen.

Dreidimensional symmetrisch sind
die Achsenrichtungen erkennbar.
Sie machen ablesbar,
wohin die Orientierung zielt.

Was anderes ist Glas
mit seiner zähen Unordnung.
Es wiederholt sich nichts darin,
und nichts ist richtungsweisend.

Um Gitter kommt keiner herum,
der einen Staat voll Ordnung will.
Bei transparenter Offenheit
- ich hoffe, euch gefällt der Witz -

geht alles drunter und drüber.

ZERSTÖRUNG DER ERNTE

Der Acker erträgt,
was in der Stadt
die Herrn des Kummers ihm fügen.
Still sieht er
den Traktoren zu,
wie sie die Ernte einpflügen.

Kohlrabi, Karotten,
Endiviensalat
verschwinden in der Erde.
In Bäumen und Büschen
raschelt der Wind
als hilflose Gebärde.

Was notwärts fehlt
in Teller und Topf,
verfault nun in der Krume.
Im Kornfeld
und im Leitungsdraht
summt schlimm die böse Muhme.

Kiebitze, Krähen,
ein bunter Fasan
beäugen dies Geschehen.
Zerstört wird
unterm Marktdiktat
von jenen, die nicht säen.

Zerstört wird,
um das Preisniveau
Europas zu erhalten,
das Wertvollste -
das Ernteglück -
einst Anlaß zum Dank
bei den Alten.

STACHLIGE FRÜCHTE

Alle Kakteenfeigen
sind dornbestückt.
Im Transvaal sengt man ihnen
mit Feuer alle Stacheln ab
und füttert sie dem Vieh.

Beeskraag, sagten die Buren –
Ochsenkraft.
Als Mammilaria, Mutterbrüstchen
reifen Kakteenbeeren
erdbeerrot und klebrig süß.

Die feinen Dornen dringen
beim Pflügen tückisch in die Haut.
Es sei drum besser,
riet ein Herr aus England,
Opuntienfrüchte würden

vom schwarzen Personal geschält.

RÜSSELKÄFER

Die Admiralität befahl das Fällen:
Da fiel das Holz, die Werften brauchten Bohlen.
Der große Flottenbau des 16. Jahrhunderts
legte die Eichenwälder nieder.

Niedergelegt: Man findet seither selten
die illegalen Heidenhaine,
in denen Recht den Gleichen unter Gleichen
mehr als nur ein Versprechen war.

Mehr als versprochen: Von den alten Riten
stecken die Noten weiter in den Völkern,
so unausrottbar wie die Rüsselkäfer,
die man nicht nur in Eichenwäldern findet.

Der Schutzanstrich aus Gift
hält nur vorübergehend.

GEFÄHRLICHE GÄSTE

Besondere Methoden
des Pflanzenmords
gibt es im Regenwald.

Nicht geht es
um das Aussaugen des Wirts,
damit er niederbricht.

Ganz leichtfüßig
nehmen die Parasiten
auf hohen Ästen Platz.

Mit breiten Blattfächern
stehlen sie Licht -
das ist ihr Trick.

Sind Überschattungskünstler,
wie man sie auch
am Stammholz altgewachsener Kultur

schon wuchern sieht.

HINTERGRUND DER ORCHIDEEN

Fanden die Orchideenzüchter nicht heraus,
wie eine Blüte hundertfach zu duplizieren?
Plasmid zieht man aus Gallenknollen.

Durch Injizieren regt es Zelltumore an,
damit Geschwister ausgetrieben werden.
Das ist Naturvorbildern abgeguckt.

Doch das Warum bleibt unbekannt,
der Blick in Nährstoffkübel dunkel.
Zur Temperatur braucht Wachstum Zeit.

Uns setzt der Blumenmarktverkauf das Tempo.
Vielfarbig und exotisch sind die Formen
und wie die Banknoten geruchslos.

Wir setzen auf gut Glück beim Impfen.
Begeisterte für Orchideen
kennen von jeder Sorte alle Daten

vom Treibhaus bis zum Ladenpreis.

ROTE TROMPETENBLUME

Die große Seltene der Mongolei,
Incarvillea potaninii,
blüht in der Öde der Wüste Gobi.

Sie öffnet ihre herrlich rote Blüte
mit Vorbedacht gegen der Wildesel
und Schafe zudringlicher Gefräßigkeit.

Mit dem Trompetenkelch gibt sie Signal
den tellergroßen Gänseblümchen,
die mögen nach Kamille duften.

Zwischen Wacholderholz gedeihen karg
verschiedne Arten Bodenflechten
und Giftwolfsmilch und Fahnenwicken.

Sie alle senden Träume sonnenwärts,
die Spiegelungen in der Luft
mögen zu himmelblauen Seen werden.

Denn trocken ist es in der Wüste Gobi,
und die Trompetenblume blüht
aller Vergeblichkeit zum Trotz

den Sandstürmen entgegen.

IRIDIUM, IGUANODON UND INGENIEURE

Bei Gubbio in Italien
fand man auf Urzeitlehm
Iridium,
das silberweiße Hartmetall,
in dünnen Lagen.

Von einer Kosmos-Katastrophe
der Erde
liefert es Beweise.
Die Riesenechsen
starben damals aus.

Der Pflanzenfresser
Iguanodon,
zehn Meter lang,
ein Stützschwanzläufer,
verschwand.

Verwendung findet das Metall
- wie Platin -
in Legierungen der Härte wegen
für Zündkerzen
der Flugzeugindustrie.

Doch sind die Lager
beinah leergeschürft,
und erst der Aufprall
eines großen Asteroiden
gewährleistet Erneuerung

des technisch wertvollen Metalls...

NEUES VOM URANBERGBAU

Weltweit gibt es
dergleichen nicht:
Die Wismut-Kumpel
werden untersucht.
Sie gruben
in den »wilden Jahren«
in Silberschächten
nach Uran.

Die »wilden Jahre«
dauerten bis 1950,
die Strahlenkrankheit
dauert länger.
Im Abraum wühlt man
nach Befunden,
manche noch russisch
abgefaßt.

Die Kumpel,
die viel tranken, wenig sagten,
die karzinomzerfressenen
und auch die gesunden,
sind zuverlässiger
als Meerschweinchen
für Studien
der Epidemiologen.

So billig
kann man nirgends wieder lernen.
Das Institut für Arbeitsschutz
in Morgantown
und US-Krebsforscher
in Washington, D.C.,

legten die Hand
auf Wismut-Akten:

Weltweit gibt es
dergleichen nicht.

VOM HERRN DER SEE

Seit fünfzig Jahren bauten wir
den Hochseefischern Fangfahrzeuge.
Plötzlich war mit dem Sozialismus Schluß
und mit den Absatzmöglichkeiten.

Spezialschiffe würden gebraucht,
gigantische Containerfrachter.
Die neue Direktion empfahl
Kursänderung im Konstruktionsbüro.

Da standen wir, zwölfhundert Mann
(bei uns gilt jede Frau als Mann...).
Die Banken schleppten Kapital herbei,
um uns die Umstellung zu finanzieren.

Wir sagten notgedrungen Ja zu dem,
was uns die Marktlage diktierte:
Die Reduktion der Arbeitsplätze.
Und Lohngespräche sind kein Thema.

Weltweit steh'n wir im Wettbewerb.
Ein 34.000-Tonnen-Pott
mit Raum für zweieinhalbtausend Container
fegt kleine Reeder weg vom Fenster.

Der anderen Arbeitslosigkeit
tut uns nicht weh, Volkswerftarbeitern –
selbst Ledige kreditverschuldet.
Der Herr der See heißt Killerwal.

Die Direktoren kennen sich gut aus
in den Fusionsgesetzen.
Aus Dänemark legten Großindustrielle
zu unsren Tag- und Nachtschichten die ihren.

Am Leitstand steuert der Projektleiter
mit hohem Blutdruck im Gesicht,
was da von Stahlseilwinden
im Hebewerk Zugkräfte schafft.

Schon immer war die Schiffsbauhalle
bei uns mit achtzig Metern Höhe
ein himmelhoher Gruß den Möwen.
Wir winken den Atlantikriesen:

Volkswerft ahoi! Und keine Krisen!

DIE HAIE VON KAP COD

Im Sitzungssaal
des Landgerichts von Massachusetts
schwebt von der Decke
ein übergroßer Kabeljau.

Die Nachbildung,
die man im Jahre 1789
den Richtern vor die Augen hängte,
verlangt Beachtung.

Kap Cod
sah niemals leere Netze.
Im Blutwasser der Wascheimer
lag tonnenweise Fisch.

Bis Erdölhaie anschwärmten
und Panik ins Gewässer brachten.
Seegründe wurden abgesteckt,
Bohrinseln installiert.

Zehn Jahre später
verschenkte man den Schrott dem Rost,
weil nichts zutage kam.
Geld und Gewühl waren dahin.

Darüber freuten sich
Fische und Kutterkapitäne,
die Marktfrauen und auch die Köche.
Der Meeresboden saß Gericht:

Freispruch dem Kabeljau.

DOPPELTER VOLLTREFFER

Man bohrte aus Antarktis-Eis
die Asche längst vergessener Vulkanausbrüche,
denn Jahr um Jahr fällt Schnee auf Schnee
wie Seiten eines Chronikbuches.

Bezeugbar sind radioaktive Spuren
des Wahnsinns der Atomversuche.
Ein deutsches Jetflugzeug verschwand
beim Heimflug über den Kanaren.

Mit den Maschinentrümmern ging ins Meer
das Forscherteam mit Südpoldokumenten.
Vom Ausmaß nuklearer Fallout-Streuung
zu viel zu wissen dient der Ruhe nicht.

Übte die Polisario sich im Zielen
mit neugekauften Kampfraketen?
Es war ein Volltreffer, der galt
den Herstellern in mehr als einem Sinne

als Qualitätsempfehlung.

SYMPHONIE DER DÜFTE

Moschusextrakt und Zibethon
(die Fettausscheidung aus dem Katzenanus)
sind Ausgangsstoffe der Parfümherstellung.
Verführerisch lockt Amber.

Synthetisiert, aus Handsprühdosen,
verwenden Tierärzte das Eber-Androgen,
um für die künstliche Besamung
die Sauen sprungständig zu halten.

Bulgariens edles Rosenöl vermag
den schlimmsten Aasgeruch zu überblenden.
Mit Duftstoff lockt man schädliche Insekten
in die Vernichtungsfallen.

Verbrennungsrauch des Fleischs aus Krematorien
folgte den deutschen Blaugas-Zuteilungen.
Die sich damit die Lungen füllen mußten,
beschrieben den Geruch durch Schweigen.

AURORA BOREALIS

Am Nordpol und am Südpol
hängen von Himmelsbettpfosten
gezattelte Gardinen
und wechseln ständig ihre Farbe.
Dazu raschelt Elektrizität
im frischen Schnee.

Ich sah die Hochzeitsfarbe
Rot erglühen,
da überkam die Inuit Furcht.
Gleich würde die Natur
sich nackt enthüllen.
Doch nichts geschah.

Die Erde bleibt
als Bett der Liebe unvollendet.
Im Norden,
wo mehr Menschen leben,
erzählt man viel
vom Fest polaren Lichts.

Auch der Pilot
von Sajus 4,
dazu Norweger und Kanadier
beschrieben diesen Himmelsfarbentanz
in Rhapsodien
oder spektographisch sachlich.

Das Flammenwallen überm Eis,
erzeugt von Oxygen-Atomen,
hängt einen Lichtvorhang
über das Brautbett unserer Welt
größer und endloser
als alle unsre Träume.

ENKELCHEN RUSSLAND ERZÄHLT

Das Handschwert
Alexander Newskijs
sei gefunden worden.
In Nowgorod
graben die Archäologen.

Im Brandschutt
unter angekohlten Bohlen
fand man auf Birkenrinde,
wie die Bojaren
sich unterwerfen wollten.

Sie würden
jedem Herrscher dienen,
so schrieben sie
nach Kiew dem Zaren,
solange er zwei Köpfe habe!

Daran seien
die Dollar-Darlehensgeber
höflich erinnert
und an des Alexander Newskijs
schartenreiches Schwert.

Denn forderte er nicht
die deutschen Ordensritter
auf's Eis des Peipus-Sees
am fünften Tag
des Taumonats April 1241?

Das Eis gab nach,
und es ertrank der Feind.
Ein Schwert ist nichts
ohne die Hand,
die es mit Klugheit führt.

CHANDRAGUPTA

Zu Chandraguptas Zeit, liest man,
herrschte in Indien weise ein Gesetz,
das den Entdecker eines Giftes,
falls er kein Gegengift gefunden hatte,
dem Scharfrichter zuführte.

Was wäre das ein Kopfabschlagen heute,
da Chemiker, Genetiker und Kriegstechniker
in hohem Sold Vernichtungskünstler wurden.
Und wer von Gegenmitteln spricht
und will sie ins Gesetz einführen -

der gilt als Hochverräter.

Fakt 3

Das bedrängte Tier

MAUERSEGLER

Beim ersten Ausflug
wiegt ein Mauerseglerküken
noch nicht das Doppelte
von einem Luftpostbrief.

Im Dunkel einer Höhlenspalte
brach es die Eierschale auf,
sperrte den Schnabel gierig,
doch konnte nie die Flügel strecken.

Jetzt läßt es sich
ins Ungewisse fallen,
unsicher fassen Schwingenmuskeln
die ausweichende Luft.

Vermeidet Hochantennen
und ist bald eins
der schwarzen Sichelchen
auf Fluginsekten-Kurven.

Prinzessinnen
vom Himmelsblau
durchstoßen schrill
der Nachmittage Langeweile.

Ich kenne den Rudelschrei
aus meinen Kinderjahren.
Er klingt für mich
wie Glöckchenrasseln

des Armschmucks einer Afrikanerin.

ES STIRBT AUF SEINE ART DER STAR

Den Weinbauern die Freudennachricht:
Die Traubendiebe sterben aus!
Die Schwirrhorden kreischender Stare,
die zu Millionen in die Gärten stürzten,
zählt man nur noch nach Hundertschaften.

Mit ihren spitzen Schnabeldolchen
zerstechen sie nicht mehr die Frucht am Henkel -
wir selbst vernichten jetzt den Überhang
durch Ausschneiden und durch Verfaulenlassen,
damit Weinschwemme die Preise nicht bedroht.

Dem Starenvolk verdarben wir im Feld
und auf den Wiesen die Insektennahrung,
indem wir tonnenweise Gift versprühen.
Die Stange vor dem Nistkasten bleibt unbesetzt
und ungesungen das vertraut verworrene Lied.

Der Starenhahn trägt nicht mehr Blumen
zu seiner Auserwählten heim ins Nest.
(Er brachte sie, um Ungeziefer auszutreiben!)
Selbst Menschenworte hat er nachgeplappert
und Kiebitzruf und Karrenknarren.

Die Flügel rüttelnd, zeigte er stolz aufgeplustert
den Weibchen seine Irisfedern an der Kehle,
die Vogelaugen anders sehen als die unseren:
Zu Rot, Blau, Grün werten sie auch Ultraviolett,
das macht ihnen die Umwelt bunter.

Bunter als uns, einäugigen Computerwesen,
die das Geflirr der schwarzen Schwärme
und das Gewirr aus hunderttausend Kehlen
als Schadensdefizit mit Netz und Schuß abwehrten,
denn wo die Macht ist, ist das Recht.

O armes Volk, einsam und stumm
wird neue Saat chemischer Granulate
uns Ernte aus Retorten fruchten.
Europas Staren wird der Weinberg fremd -
die Traubendiebe, ja, sie sterben aus.

DES GEIERS EINSAMKEIT

In Massenmärschen
geht es durch die Lüfte.
Über Turkmeniens Wüsten
rudern die Pelikane
quer durch den Flugverkehr.
Waldschnepfen, Möwen, Tauben
rammen Turbo-Maschinen.

Wildgänse fliegen
wie betrunken
den Stahltriebwerken
in den Lufteinlauf.
Zwölftausend Meter hoch
zerschlug ein Geier
das Triebwerk eines Jets.

Ein Flutmeer
immer neuer Stare
fiel schwarz ins Flugfeld ein.
Mit Tergitol
vernichtet man in USA
die Auslöser von Havarien.

Das Abspielen von Warngeschrei
hilft nichts
in großen Höhen.
Der Geier nahm es einsam auf sich,
wie ein Zelote
auf der Rückzugsschlacht
mit seinem Leib aufs Lebensrecht

der Himmelsvögel zu bestehen.

WÜSTENBEVÖLKERUNG

Die augenlose Wüstenratte,
die neuentdeckte,
lebt unterirdisch
ähnlich den Erdinsekten
in einem Netz von Gängen.

So eng ist es,
daß sich zwei Tiere
bei der Begegnung überspringen.
Der Königsmutter grub man
ein eigenes Gelaß mit eigenem Abort.

Als fette Stammesmutter
bringt sie den Nachwuchs auf die Welt.
Über die Paarung weiß man nichts.
Die Dienerinnen ohne Sex
versorgen sie mit Kerfen.

Nur einen Feind gibt es: die Schlange.
Dringt sie durchs Luftloch ein,
wird sie erschnüffelt,
angegriffen, totgebissen
und mit Genuß verspeist.

Unter den Säugetieren
sind diese Ratten einzigartig.
Vergleicht man sie
mit Erdameisen,
so leben diese komplizierter.

Die Futtersammlerinnen,
die noch jungen,
sind weit vom Nest entfernt zu finden,
bei dem die älteren sitzen bleiben,
unfruchtbar, wachsam, arbeitsscheu -

erfahrene Beamte.

ENTWICKLUNGSRISSE

Schimpansen tragen
von der Rinde freigekaut
Baumzweige fürs Termitenfischen
wohlüberlegt
zum Ort ihrer Insektenjagd.
Wir wissen von den Tieren,
daß ihr Denkvermögen
viel weiter reicht
als angenommen wurde.

Uns aber
redet man schrill ein,
die Zukunft sei
ein dunkler Koffer
ohne Schlüssel,
das Ende der Geschichte
sei gekommen,
und Radiokirchenprediger allein
könnten uns retten -
man müsse an sie nur reichlich Spenden schicken.

Da scheint mir
zwischen Mensch und Affe
so etwas wie ein Riß zu sein.

ERBMERKMALE

Aus uns brüllen,
Schimpansenhorden,
offenmäulig.

Schnell eines Morgens
den Überfall beschließen
und schnell hinübergehen.

Mit Stecken fuchteln
jene - wir
mit Eisen.

Die Männlichsten
beißen die Minderheiten tot
für Orden groß wie Zecken.

Entdecken wir
den Leoparden in den Büschen,
bricht unser Schrei die Luft.

Gelang die Flucht,
umarmt uns Rührung
als Geschwisterliebe.

Denn das Entkommen
vom Prankenhieb des Fleckengelben
gibt uns aufs Neue Chancen

für neue Morde.

DER FALL RAPHAEL

Raphael, ein junger Eber,
wurde siebzehn lange Stunden
in eintausend Meter Meerestiefe
vor Toulon versenkt.

Tiefseeärzte lasen emsig
Werte von den Meßgeräten.
Blutdruck, Puls und Atemzüge
weckten das Interesse.

Doch beim Hochhieven des Tieres
war die Technik nicht die beste.
Vierundsiebzig Stunden gingen drauf
mit des Schweines Bergung.

Schinkenfleisch und Wursthautdärme,
Ringelschwanz und blonde Borsten,
alles tauchte wohlbehalten
mit der Kapsel auf.

Gab es psychische Beschwerden?
Wie erlebt ein junges Hausschwein
Meertang, Austern, Tintenfische,
Seeschnecken und Hummern?

Die französische Marine
blieb der Welt die Antwort schuldig.
Seit dem letzten Messe-Essen
gilt der Eber als verschollen.

AUFGEKLÄRTES HUHN

Ich stehe hier
als Sprecherin
der deutschen Legehennen.
Im mittleren Europa
trifft man auf uns domestiziert
schon zweieinhalb Jahrtausende.
Aus uns gackert
die Tradition.

Ich drück mir aus dem Leib
in einem Jahr
das Zehnfache
des eigenen Gewichts,
das macht je nach Legeperiode
um die dreihundert Eierchen.
Verwechselt bitte Deutschland nicht
mit einer Eierkuchenpfanne.

Wer fleißig legt,
den liebt der Supermarkt,
ob in Kartons
oder in Plastikkörbchen.
Der Käfig hält uns rein
wie Nonnen,
uns kräht noch tritt
kein Hahn.

Manche von uns
verlieren ihre Federn,
doch wen rupft nicht
die Industrie?
Cholesterinzerfurchte Eier
sind unbekannt.

Trotz immer glatter Schale
können im Inneren die Eier

voll Fäulnis sein.

QUEENSLAND RUM

Wo die Machetenschneide
ins Zuckerröhricht fährt,
perlt aus den Pflanzenwunden
der frische süße Saft.

Er rinnt in kleinen Strömen
zum hartgetretenen Boden
und bildet einen Zuckerbrei,
der in der Sonne fermentiert.

Scharen von Papageien fliegen
wie suchtgetrieben her,
um aus den Krummschnäbeln die Zungen
den Alkohol kosten zu lassen.

Kreischend beschwipst
geraten sie in Streitereien,
und grüngelb sträuben sich
im Zorn die Federkronen.

Dann schwärmen sie im Torkelflug
zur nächsten Autostraße,
wo Lastzüge in voller Fahrt
sie massenweise niedermähen.

Der Straßenrand liegt unterm Schnee
der Papageien-Daunen.
Vergeblich singt
Australiens Heilsarmee.

In Queensland ist wie überall
in Gottes fröhlicher Natur
mit Aufrufen zur Abstinenz
kein Staat zu machen.

LEUCHTENDER FROSCH

Australiens grüner Baumfrosch
mit den Pladderfüßen
(Litoria caerulea für die Wissenschaft)
hat einen langsichtigen Blick.

Was weit entfernt als Fangziel sitzt,
nimmt er viel schärfer wahr
als das Insekt direkt vor seinem Maul.
Er steht im Ruf der Heiligkeit.

Füllt er zum Beispiel seinen Bauch
mit Leuchtkäfern und Phosphorwanzen,
durchdringen ihn deren Enzyme
und lassen ihn als Lichtquell leuchten.

Weit sichtbar glimmt er durch die Nacht
und lockt Anbeterinnen an.
Ohne den Baumfrosch der Australier
verhüllte Finsternis noch immer –

was hinter der Erleuchtung steckt.

FISCH IM GESPRÄCH

Der große Lippenfisch
- Tiliapia zilli heißt er -
verhält sich eigenartig.

Mit fetten Wülsten um das Maul
treibt er mit einem Artgenossen
als Spiel das Lippenzerren.

Trifft er auf einen Nahverwandten
der lippenlosen Art,
ist jeder Biß todernst gemeint.

Die Maulgröße kann es nicht sein,
die ihn zum Zuschnappen veranlaßt.
Nie blickte er in einen Spiegel.

Des andern kleine Lippen bringen
ihn offenbar in den Verdacht,
gerissener Diplomat zu sein -

doch das ist nur Vermutung.

JONAS' GESCHWISTER

Die Stummgenannten schreien laut,
wenn Bordwinden das nasse Fangpaket
über die Luken hieven.

Es ist der Panikruf der Fische,
der Netzmaschen zum Zittern bringt:
Angst ist die Not der Massen.

Delphine halten unentschieden ein
beim Schallsignal des Schreckens.
Wie sollen sie es deuten?

Vor unsrem Mordvorstoß in Meerestiefe
lassen sie von allen Spielen ab.
Schwimmen herbei und wissen nicht -

daß wir an Land ganz anderes vollbringen.

SCHWIERIGER KONFLIKT

Man fesselt rücklings
ein Kaninchen
unter ein weißes Tuch,
rasiert das Fell
vom freigelassenen Bauch.
Nach der letalen Injektion
durchtrennt Skalpell
die Außenhaut,
öffnet Gewebe,
und Haken ziehen
die Harnblase hervor.

Der Lehrer legt
im Mikroskop
Studenten die Membrane vor,
die dünn und dehnbar
wie der Harnleiter
des Menschen ist.
Einst schnitt in Furcht
die Priesterhand
Lammgurgeln durch
zum Weissagen
der Zukunft.

War das in Ordnung?
Jetzt steigt Opferrauch
vom klinischen Altar
zu einem andern Himmel.
Warum will nur
das Schuldgefühl nicht fort,
obwohl den Menschen
viel Linderung geworden ist
durch Fachwissen,

das einem Tier
das Leben nahm -

kühl und besonnen.

DAS WANZENVÖLKCHEN

Von Wanzen, dem Insekt,
gibt's sechzigtausend Formen,
die können fliegen,
schwimmen, stinken.

Sie leben als getarnte Räuber.
Grellfarben
schrecken sie Verfolger.
Zikaden geigen Liebeslieder.

Um Ameisen
zum Fressen anzulocken,
verschwitzt das Wanzenhaar
Giftsüßigkeit.

Ein bißchen Lecken
und die Beute ist gelähmt.
Und wir -
erzeugen wir nicht Nervengas

zu gleichen Zwecken?

Fakt 4

Die treffende Wissenschaft

GEBENEDEITES RIND

Gebenedeit das Rind
und keiner störe ihm
die Ruhepause.
Im Milchkrug schäumt
das fette Weiß.

Aus Rinderblut
zog die Kanüle
des Arztes Jenner Pockensaft,
den spritzte er
Patienten ein.

O blinde Kuh!
Gebenedeit das Wissen
der Impfpraxis,
die uns, die Heutigen,
vor Pocken schützt.

Pasteur als Biologe
betupfte Agarplättchen
mit Cholera-Bakterien.
Dem Immunisierversuch
war Glück beschieden.

Vacca –
so hieß in Rom die Kuh.
Vaccination nannte Pasteur
zu Ehren Doktor Jenners
seine Verfahrensweise:

Benediction für alle!

POETISCHE ZURÜCKNAHME

Ich irrte mich: Man kann durchaus Lederabfälle
zerschroten und zu Brei verrühren,
aus dem sich brauchbar neue Tafeln walzen lassen.

Es liegt nicht am Patent der Dinge,
daß wir uns an das alte Gerbrecht halten:
Naturrindshaut ist preiswerter.

Preiswerter sind der ganzen Welt die Lieferanten
mit Billigrohstoffen und Notnachrichten -
barfüßig bietet Not sich an.

Was können wir denn andres tun als einkaufen?
Wer wollte ohne Schuhwerk über'n Weltmarkt gehen,
der in uns Härte preßt?

Die drückt der Menschlichkeit Blutblasen
auf Ferse und auf Zeh, doch alles läuft noch gut.
Und müssen Wunden nicht erst Eiter ziehen -

bevor das große Hinken kommt?

BESINNT MAN SICH IM SCHAUKELSTUHL

Aus Holzprofilen,
die man vorm Verleimen
nach stundenlangem Wässern
bei hundert Hitzegraden dämpfte,
verbog
und trocknen ließ,
wurden verschnörkelt
Biedermeierstühle.

Auch Kaffeehausgestühl
entstand
aus jeweils sechs
gebogenen Stangen,
dem Sitz, zehn Schrauben
und zwei Muttern.
Um 1850
stellte Michael Thonet
in Boppard
Massenware her.

In die kubikgenormte Kiste
paßten drei Dutzend
der zerlegten Stühle.
Fünf Söhne
halfen im Geschäft.
Man zog nach Wien,
wo die Fabriken
auf Biegen und auf Brechen
produzierten.

Auf hartem Platz,
die Hand am Kinn,
saß einstmals
Walther von der Vogelweide
und sann voraus
in sein Jahrtausend,
wie wir es tun,
denen Computer jetzt
die Billigware
zu den Supermärkten steuern.

Sein Stuhl
war harter Stein.
Wir wiegen uns
in Schaukelstühlen
im Auf und Ab
von Zuversicht und Zweifel.
Wer achtsam biegt,
wird nichts zerbrechen,
das zeigten uns
die Väter schon

mit schönen
Boppard-Stühlen.

GLEICH EINER SONNENBLUME

Am Rand der runden Radarschüssel
zerfleddert die Signalstärke.
George Joy vom Georgia-Technikinstitut
fand eine Antwort in Atlanta.

Dem Blütenteller einer Sonnenblume gleich
ließ er das Blech in Zatteln schneiden
gegen das Absinken der Radarenergie
auf Zero-Wert im äußeren Randbereich.

Möglicherweise sendet längst
die blechgemachte Blume Nachricht über echte
wie Astern, Dahlien, Chrysanthemen,
die Lichtbettler des späten Jahrs.

Mit ihren feinen Blütenspitzen
gelingt es ihnen höchst erfolgreich,
Interferenzen auszuschalten -
ihnen entkommt kein Quentchen Licht.

Was das Erfinden einer Blechblume
erfolgreich macht, ist der Natur ein Leichtes.
Denn in der Praxis drängt das komplizierte Neue
zu nichts als alter Einfachheit.

SECHSBEINIGES PATENT

Ein Graf und Chemiker
aus Frankreich,
Hillaire de Chardonnet
mit Namen,
legte den Grundstock
einer Industrie,
in der die Gartenspinne
eine Rolle spielt.

Zellstoff,
aus Holz gepreßt und ausgekocht,
setzte er
Natronlauge zu
und Schwefelkohlenstoff
und Wasser,
dann Schwefelsäure, Natrium
und Zinksulfat.

Durch feine Platindüsen
sprühte er
den honigfarbnen Sud
in eine Spinnbadlösung.
Ein Teil des Safts
erhärtete zu Fädchen,
die sich
auf Spulen wickeln ließen.

Die Spinnen
pressen wiederum
aus ihren erbsenkleinen Bäuchen
noch Feineres
an Fasern
wie Gummi nachgiebig

und stahldrahtfest.
Wir haben sie
nicht eingeholt.

Kunstseide
wurde 1884 patentiert,
doch hält die Spinne uns
bisher in Schach.
Ihr Produktionsgeheimnis
wär uns von Nutzen
für Schlepptau, Halteseil
und Sehnenimplantat.

Es nützte auch
beim Herstellen
von kugelsichren Gangsterwesten
in einer Welt
brutalen Auswertens
aller Patente.
Doch was man auch versucht:
Die Spinnen bleiben stur

und leider unbestechlich.

SCHNELLE KÜSSE

Telegraphieren -
als man damit begann,
war da ein Mast, Signalbretter,
Seilkurbeln
und ein Sonderalphabet.

Ein Offizier
im blauen Rock
las auf dem Nachbarposten
bis dreißig Wortkombinationen
und gab sie weiter.

Von Koblenz
nordwärts nach Berlin
ging das mit sechzig Masten
im Jahr 1832
viel schneller als zu Pferd.

Privates
war im Militär tabu.
Jetzt zählen
E-Mail-Küsse
zum Hauptgeschäft der Post.

Die Liebe
wurde flinker
und auch kühler.
Wo Tauben turtelten
und Rosen sprachen,

kommt nun ein Fax.

AN SOWAS DACHTE LEIBNIZ NICHT

War's nicht der große Leibniz 1677,
der einen ersten Apparat zum Rechnen baute?
In fernöstlichen Meisterbüchern
fand er die Anregung dazu.

Charles Babbage bastelte um 1830
an einer mathematischen Maschine
mit Zahlenspeicher und gesteuertem Programm.
Technikprobleme lösten sich erst später.

Havard Mark 1 hieß der United States-Computer,
in den man 700.000 Einzelteile,
3.000 Kugellager und 80 km Draht einbaute.
Der Kasten stand zwei Meter hoch.

Ein Fabrikant mutmaßte 1945,
es gäbe auf der ganzen Welt
vielleicht fünf Abnehmer für solche Dinger.
Am Anfang geht es ehrlich zu.

Aus einem Wolframderivat schafft man
durch abgezogene Atome eine Landschaft jetzt
voll Mikrobergen, Mikrotälern,
durch die turnen die Daten.

Die Fläche eines Daumennagels
reicht aus, millionenfache Buchbestände
der Kongreßbibliothek von Washington, D.C.,
vom Bildschirm abrufbar zu machen.

An sowas dachte Leibniz nicht
und nicht an wanzenkleine Abhörchips,
die man hinter Tapeten schiebt,
damit der Glaube an den Fortschritt

nicht eitle Freude werde.

DER VERRÜCKTE

Luigi Galvani fand
im 18. Jahrhundert schon heraus,
daß Froschschenkel,
die er an Eisendrähte hängte,
bei Blitz und Donner
wie erschrocken zuckten.

Um zu dem Zellenbau
der Nerven vorzudringen,
bediente sich die Wissenschaft
der Tintenfische,
die man elektrisch
ruhelos machte.

An ihnen fand man
auch heraus,
wie Schlangengift
oder Curare
den Stromfluß unterbricht:
Die Fische ruhten.

Ob wir einmal
dahinterkommen,
wie Zellkanäle zu blockieren,
die Leitwege
zum Wahnsinn sind?
Galvani wär begeistert!

Die Köchin hieße er
Froschschenkel gar zu rösten
zu Weiß-Toscaner,
dann käme Tinten-Oktopus.
Die Rechnung, riefe er,
möge Nobels Preiskomitee bezahlen -

denn schon den Seinen
galt er als verrückt!

ABSOLUTER NULLPUNKT

In memoriam Walther Nernst 1864-1941

Das Herrenhaus von Dargersdorf
ist 1945 abgebrannt.
Ein Uhrenturm krönte das Dach.

Die Uckermärker nannten
das Gutshaus »Schloß«. Es war Besitz
von Walther Nernst, dem Physiker.

Er hatte erstmals 1905
über die Wärmelehre
den dritten Lehrsatz postuliert:

»Die Wärme aller Stoffe nähert sich
beim absoluten Nullpunkt Null.«
Das ist freilich erstaunlich.

Mit militärtechnischer Forschung
brachte der Mann es unterm Kaiser
zum Ruf des Kriegsverbrechers.

Der Nobelpreis vom Jahre 1920 erst
wischte die Anklage vom Tisch.
Nernst wurde Präsident der Reichsanstalt.

Der Uhrenturm vom Schloßdach Dargersdorf
ist eingestürzt wie manches Mannes Tadelfreiheit.
Geblieben ist das Nullpunkt-Theorem

nicht leer trotz seiner Kälte.

VERÄNDERUNGEN BEIM LACHEN

Als seinerzeit im Osten
die Autoindustrie unter den roten Fahnen
Wagen-Chassis aus Kunststoff goß,
da lachten wir sie aus.

Jetzt sagt der Chef von Daimler-Chrysler,
Spritzgießmaschinen werden Plastautos
metalleinsparend produzieren.
Gegen das Lachen aus dem Osten

sind Airbags vorgesehen.

METHODISCHE KLUGHEIT

Geplagt vom Wahn, ein Rind zu sein,
lief einst ein Prinz muhend umher.

Er forderte zum eignen Schlachtfest auf.
Besorgt rief die Familie den Heiler Avicenna.

»Sagt mich dem Kranken an, ich sei ein Metzger!«
empfahl der Arzt. Er kam und musterte die »Kuh«.

»Zum Schlachten fehlt's euch an Gewicht!«
befand er kühl. »Geht erst einmal auf Mast.«

Entzückt von der Idee begann der Prinz zu essen,
gewann an Kräften und verlor den Wahn.

Neunhundert Jahre später machen's
die Psychoanalytiker dem Dr. Avicenna nach.

Zahlende Prinzen sind willkommen.

DR. BLUMENBERGS KRIEGSAUFRUF

Die kleinen Krieger
schlagen ihre Lager auf
in uns mit Feuerstellungen.
Ihr Ruf ist still,
ihr Schritt knarrt nicht,
sie tragen Tarnanzüge.

Vor Dr. Blumenbergs Arztauge
gerieten sie im Elektronikmikroskop,
als er das Blutserum
eines erkrankten Ur-Australiers
zur Eiweiß-Feststellung betrachtete.
Das war schon 1964.

Die kleinen Krieger,
virusähnliche Korpuskeln,
besetzen Leukämie-Patienten,
und niemand weiß bisher,
sind sie Erreger oder das Ergebnis
zerfallender Leberzellen.

Sie wechseln die Aminogruppen
wie Partisanen im Dickicht
Tierpfade überschreiten
mit einem Ziel im Sinn:
zu töten, töten, töten –
verfluchtes Ziel.

Es gräbt das Antigen
auch in Gesundbefundene
Schlupflöcher im Verborgenen.
Um seinen Feldzug aufzuhalten,
bedarf es kluger Waffen
aus einer neuen Waffenindustrie.

Genug wär' da zu tun
und reichlich zu verdienen.
Statt dessen lassen wir
uns von der Dummheit weitertreiben
zu militärischen Vernichtungskriegen,
als wäre es des kleinen Sterbens

wahrhaftig nicht genug.

SWEETHEART

Sie fanden es
in Rattenherzen
und nennen »Sweetheart«
ihre DNA-Entdeckung.

»SH« gehört
zu den Sexualhormonen,
und es vereint im selben Strang
stabile Gegensätze.

Ein Gen
läuft in verkehrter Richtung
und Seit bei Seit
zum anderen.

»Sweetheart« bestimmt
für Säuger, für Insekten
die Richtung der Entwicklung,
Sterilität nicht ausgeschlossen.

O Biomedizin,
dein feinäugiges Mikroskop
holt vieles Nichtgewußte
uns vors Gesicht.

Weibsein, Mannsein
oder das Nichtsein
ist die Frage.
Die Antwort steht von Fall zu Fall

dreideutig offen.

WASSERBLÜTEN

Monsieur Latour-Marliac
- er war beruflich Blumenzüchter -
sah schweigend auf die Seerosen
mit ihren unbewegten Blättern.

Die Blütenkelche wollten ihm
zu einfach vorkommen, zu weiß,
wie Kopftücher der Frauen auf den Feldern
von Finnland bis Rumänien.

Er kannte bunte Sorten,
die wuchsen wild in Nordamerika.
Zum Aufbessern von Form und Farbe
ließ er sich deren Samen schicken.

Was ihm an Kreuzungen gelang,
sieht man bis heute auf Europas Teichen.
Doch wie er's tat,
verriet er keinem.

Weit schwieriger als Blumenzüchten
war ihm die Kunst,
ans Geld zu kommen.
Nicht anders ist es mit dem Dichten.

BAUERNWEISHEIT

Im Märchen
rettet sich der Bauer Krebs,
als er zu Tisch
beim dummen König saß,
aus den verschiedenen Verlegenheiten
durch wildes Drauflos-Raten.
Er traf es recht
und wurde Physicus am Hof.

In dem Gewirr
von isolierten Vakuum-Kanälen,
von Schienen
für die Stromführung
und den auf Knopfdruck
lebhaft werdenden Magneten,
wär aus dem armen Bauern
rein nichts geworden.

Fakt 5

Das frostige Kalkül

DIE EXPO DES KING KONG

Als sie die Ausstellung durchwanderten,
Herrn in Krawatte, meist mit Brille,
Grauhaarige darunter, auch Saloppe
- und im Gewühl der Ingenieure selten
und kurzberockt eine von Duft umwölkte Frau,
die selbstbewußt Verlegenheit bekämpfte -
als sie den Fortschritt überprüften
der neuesten Kranbau-Fördertechnik,
da war's im nahen Wald schon kalt.

Durch ihre Köpfe glitten nichts als Zahlen -
Verwendbarkeit galt es zu überschlagen
mobiler Hubkraft, rot, blau und weiß bemalt.
Auf Raupen lasteten viertausend Tonnen
Totalgewicht, verfahrbar frei ein Gitterarm
und fünfzig Meter höher als der Kölner Dom.
Vom Krankopf spannten sich durch Flaschenzüge
aus der Programmkabine kontrolliert
Stahltrosse sehnenstark zum Ausgleichsmast.

Krawattenzwergen glich die Kundschaft,
die Laufketten aus stahlgegossnen Bodenplatten
an Fünf- und Sechs-Achsern umschwärmte.
Sie waren angereist aus Kanada und USA,
aus Indien, Frankreich und Brasilien,
Korea und dem Nahen Osten
als Lastbewegungsspezialisten einer Welt,
die sich von Krieg zu Krieg erneuert.
Die Gräser starrten weißbereift.

Alles war planvoll aus Metall,
der Wettbewerb mitsamt der Leistungsfähigkeit.
Um solche Großprojekte abzusiegeln
genügt nicht eines Mannes Unterschrift,
wie sie genügte, Könige zu köpfen -
ein Schwarm von Direktoren setzt
die Füllfeder auf den Vertrag.
Doch hart Geschäft schreit nach Humor.
King Kong brauchte ein Unterhaltungsäffchen.

Von der Artistenagentur bestellte man
ein junges Ding in glitzerndem Trikot,
die Brüste straff, die Schenkel weit gespreizt,
die hing am Haken in der Luft
an einer Schlinge, drehte Zahnhang-Schrauben,
vollführte Salto über Salto.
Wo sah ein Kran schon einmal so viel Kunst
am Ende einer gut besuchten Ausstellung?
Die Herren klatschten matten Beifall -

ihr kalter Atem rauchte in der Luft.

KURZE GLASBALLADE

Die Arbeiter im Blasgläsergewerbe
wurden im Jahre 1890 schon
als Hindernisse angesehen,
als »Element geringer Leistungsfähigkeit«.
Es gab da einen Ausweg.

Denn wo die Handarbeit pro Stunde
gerade fünfzig Flaschen schaffte,
stellten Maschinen in derselben Zeit
viel Hundertfaches her.
Gelobt die Owen-Blasmaschine!

Beim Ofenbrand galt es
die Glutschicht gleichmäßig zu halten.
Mit Brennofenverbesserungen
der Luft- und Glaszufuhr
trat Friedrich Siemens auf den Plan.

Genialität der Ingenieure!
Doch hinter ihnen steht
der Druck zur Kapitalverzinsung.
Was Arbeitslosen Unglück bringt,
macht die Finanzverrechner glücklich.

Was neue Armut weiterwährend zeugt
ist einschmelzbar wie Scherbengut,
und die Geschichte zeigt
die Aufschrift »Vorsicht, Glas!«.
Umsturzgefahr bedeutet auch –

Nachdenken über neue Ziele.

ELEKTRONISCHE FREIHEIT

Unter dem Druck
der manikürten Finger
ziehen die Zeilen
übers Glas
der Bildschirme.
Die Kontrolleurin steht
in Sprechverbindung
mit dem Fernfahrer,
der seinen Lastzug
über Autobahnen lenkt.

Es weiß jetzt
die Geschäftsführung genau,
mit welchem Tempo
und wo jeder Wagen rollt,
an welcher Raststätte
der Fahrer seinen Sitz verläßt
und eine Packung
Zigaretten kauft.
Freiheit im Netz -
Transportgewerbe.

Geschwindigkeit
und Fahrvorsicht
sind kombinierbar
am Computer der Zentrale.
Gefährdet Kühlfrachten
ein Temperaturanstieg,
dann läutet im Büro
Sensor-Alarm.
Tankstellen werden vorgewarnt:
Ölwechsel!

Für dies System
elektronischer Kontrolle
sind Menschen brauchbar,
keine Esel.
Die stehen still
beim Wasserlassen,
und Hengst und Stute,
oft geprügelt,
die schätzen beide gute Worte.
Allein ein Arm voll grünem Klee

kann sie vom Fortschritt
überzeugen.

LAND DER MEISTER

Kunststoffspritzgießmaschinen
aus Hallen deutscher Firmen
tragen im Schild die Warnungshand:
»Nicht anfassen - Lebensgefahr.«

Verladen werden sie in Richtung Osten
für Adressaten fremd mit fremden Namen:
In Ischwesk gießt ISCHMASCH
zu Einwegflaschen auch Getränkekästen.

Auch Stecker, Schalter sowie Wegwerfspritzen
für Ärzte fallen an. Und immer
die Schilder rund und warnend rot:
»Nicht anfassen - Lebensgefahr.«

Zu deutschen Schulungstagen
reisen aus Moskau Facharbeiter
und in geschenkten Overalls
lernen sie Murks zu reparieren.

Die Söhne toter Rotarmisten
als Servicetechniker im Fluß der Zeit.
»Der Tod ist ein Meister aus Deutschland«
wurde »Nicht anfassen - Lebensgefahr«.

Wer nicht anfaßt, der wird verderben.

GESICHERTE SPUREN

Soldatenblut wird numeriert.
Zu den Rekruten kommt am ersten Tag
der Sanitäter für die Blutabnahme.

Das Pentagon verwahrt die Proben
von hunderttausend seiner Männer
als Gen-Erkennungsmarke.

Bliebe von ihnen auch nichts übrig
als nur ein Fuß im Schuh, ein Flecken im Verband,
dann hilft das DNA beim Spurensichern.

Armeen müssen Ordnung halten.
Die Namen werden schnell gefunden.
Wo Mütter sind, geht Nachricht zu.

Wozu Regierungen Rekruten brauchen,
das zeigt das Tröpfchen Blut vom ersten Tag,
vielleicht dem friedlichsten von allen.

Um die Computer nicht zu überlasten,
wird regelmäßig überprüft,
wer dienstlich noch erreichbar ist.

Blut anderer wird weggeworfen.

KINDERARMEE

Der kleine Junge hat einen Hungerbauch.
Der Hunger ist ein großer Offizier.
Der Offizier verschenkt Soldatenmützen.
Der Junge ist jetzt ein kleiner Soldat.

Kleine Soldaten löffeln kleine Portionen.
Der große Offizier verteilt Suppen und Waffen.
Der kleine Soldat schleppt eine Maschinenpistole.
Ein Huhn kostet mehr auf dem Markt.

Der große Offizier predigt das Morden.
Er lobt das Erschießen der Eltern.
Der kleine Soldat zeigt seinen Mut.
Der große Offizier lobt den Verwaisten.

Der große Offizier wird ihm Vater.
Vorm kleinen Soldaten zittern die Waffenlosen.
Er darf die Erschossenen berauben.
Er füllt sich den Hungerbauch.

Der kleine Soldat erklettert den Jeep.
Er fährt mit dem Großen dem Reichtum entgegen.
Der große Offizier ist umgeben von Kindern.
Auf dem Foto lachen seine Lippen –

ein Familienvater bespritzt mit Blut.

ELENDE FRÜCHTE

Im Westen Afrikas erdulden
Götzenverehrer einen Zauberkult,
den konnten Palmen nicht ersinnen.

Die Priester, alles Männer,
verlangen von Familien deren Töchter
und suchen unter Waisen sich die Mädchen aus.

Versklavt müssen sie Frondienst leisten.
Als Höhepunkt bizarrer Riten
kommt es zur Kinderschändung.

Die schwanger werden, jagt man fort,
denn für die Vaterschaft der Neugeborenen
wird Gott verantwortlich genannt.

Ja, Elend ist des Elends Frucht.
Schiebt Religionsvorwand Verbrechen
unter den schwarzen Mantel Afrikas -

hört man es einmal und nie wieder.

REUTER MELDET

Als wir die Kunst entwickelt hatten,
Bilder drahtlos zu übertragen,
da schenkten wir uns Blumenkörbe.

Da sah man viele Möglichkeiten
für Lehrgeräte in den Schulen
und fürs Beobachten verborgner Dinge.

Nun schauen über unsre Schultern
die Kameras beim Warten in der Bank,
denn jeder steht im Raubverdacht.

Und täglich rennen Fernsehfilme
in tausenden Programmen närrisch
hinter der Einschaltquote her.

Die Reuter-Agentur für Bildberichte
empfahl ihren Reportern kühl,
das Menschsein abzulegen.

Gefühle seien Störfaktoren
in Hungerzonen und in Kriegsgebieten
beim Tagewerk vor Toten aller Art.

Gefühlsfrei muß die Nachricht sein,
nur Fakten wolle unsre Welt.
Die beste Ware sei die Neuigkeit:

Reuters Erfolg sei der Beweis.

ERFOLGSWEGE

Die Banken wollen wissen,
wie junge Leute mit dem Geld umgehen.
Manhattan griff zur Kundenspionage.

Man schenkte den Besuchern Spielgeldnoten
und möblierte ihnen freundlich Räume
mit Teetisch, Sesseln, Börsentelefonen.

Der Bildschirm ließ die Geldmarktkurse leuchten
und forderte zum Spekulieren auf.
Die Service-Apparate funktionierten einwandfrei.

Diskret saß hinter einer Spiegelwand
der Vizepräsident der Bank und schaute
der Jugend zu beim Welterfahrungssammeln.

Vor seinen Augen wandelte das Haus
sich in ein frohes, junges Spielkasino,
und alles lief ganz ohne Personal.

Für die Entlassungsbriefe machte er
gewissenhaft und aufmerksam Notizen,
denn sind nicht fortgesparte Angestellte

ein Merkmal für Erfolg?

ROTE HOSEN

Der Generalstab hatte ein Problem:
Die Hosen der französischen Soldaten
waren bislang aus rotem Tuch,
damit man sie im Pulverrauch erkannte.

Für diesen Stoff vergab der Kriegsminister
an Weber und an Färber Staatsaufträge:
Millionen Francs! Baumwolle ballenweise
von den ägyptischen Plantagen.

Als man nun Pulver ohne Rauch verschoß,
zeigten die Kanoniere auf den Übungsplätzen,
daß man die roten Hosen auszieh'n mußte -
sie leuchteten dem Feind verräterisch.

Man wählte für die Uniform die Sandfarbe,
und in Bordeaux befiel die Lieferanten Panik.
Rauchloses Pulver kam ganz unerwartet,
und Umstellungen kosten Firmen Kapital.

So macht die Zeitgeschichte Sprünge,
doch einmalig ist erstmals nur einmal.
Statt durch die roten Hosen klug zu werden,
wünscht man den sandgefärbten dauernden Bestand.

NYLON-BALLADE

In Seaford, Delaware,
war 1939
der 15. Dezember ein besonderer Tag:
Du Pont,
Chemieprodukterzeuger,
begann Nylon herzustellen.

Baumwolle,
Schurwolle und Raupenseide
bekamen einen Nebenbuhler.
Des Nylonfadens
Ausgangsmaterial
sind Kohle, Luft und Wasser.

Die Wirkwarenfabriken Nordamerikas
schickten ab Sommer 1940
ins Kaufhaus Damenstrümpfe
und an die Armee-Einkäufer
Soldatensocken massenweise.
Mit Nylon lief sich's gut.

Der Zweite Weltkrieg
stand ihm Pate.
Der Markenname
(wie deutsches Perlon etwas später)
bezeichnet nichts Genaues.
Das Wort prägt sich leicht ein.

Elektrostatisch
springen Nylonfunken,
springen weltweit.
Welch Segen, ein Patent zu nützen,
das denen, die es nicht erfanden,
die Dollardividende

bis heute garantiert.

NEUERFUNDENER BUMERANG

Zehntausend Jahre
ist es her,
daß Buschmannhand
den Bumerang
als Schleuderwaffe schnitzte.
Verfehlt das Holzstück
das bestimmte Ziel,
trägt es die Luft
dem Werfenden zurück.

Nach winddynamischen Berechnungen
gelang es endlich auch,
»Aerobic Orbiter«
in Winkelform
mit Weichgummibezug
und Rückflug-Eigenschaften
als Plastikspielzeug
dem Amt für USA-Patente
erfolgreich vorzulegen.

Führen Geschäfte
Gartenmöbel,
gehört auch »Orbiter«
zum Angebot
für Gartenzeitvertreib.
Die Ur-Australier hoffen,
daß Zauberer und Geister ihnen
der Väter Recht aufs eigne Land
zurückbeschaffen.

Die Flugformel
des Bumerangs
schmieren sie immer noch
mit weißem Dingokot
sich auf die dunkle Haut.
Im Nordamerika
der weißen Nylonhemden
entschied man sich,
zwar andre Rituale,
dieses doch nicht

zu übernehmen.

PERLENDES GETRÄNK

Wenn's um den Absatz
ihres Schaumweins geht,
werden Schloß Neuenburg und Reims
zu Katz und Maus.
Die Qualität treibt Perlen.

Es gilt seit 1894
das Markenschutzgesetz.
Anstatt Champagner
brauchte der Sekt aus Sachsen
was andres auf dem Etikett.

Die Flaschen trugen damals schon
rotes Stanniol als Kragen,
da wäre »Rothälschen«
zu Hand gekommen.
Das schmeckt nach Infektion.

Denn auch beim Trinken
ist im Kampf der Konkurrenten
die Gurgel erstes Ziel.
Man schob deshalb als Markennamen
»Rotkäppchen« aus dem Märchenland

dem Neidwolf in den Rachen.

DACHPFANNENGERICHT

Der Viehdung,
der nach Tacitus
die Hüttendächer der Barbaren
dampfend bedeckte,
ist wieder im Gespräch.

Diesmal
wird aus ihm Viehfutter,
da Mikro-Organismen
selbst Hühnermist
zu reinem Eiweißträger machen.

Mit Weizenstroh
und Sägemehl vermischt
käme der Brei
der Rindermast zugute.
Grünmehlbeigabe ist für Schafe.

Der neue Futterstoff
mit Vitaminzusätzen
sei völlig frei
von jedem Exkrementgeruch.
O Tacitus, dein Mist

ist auf dem Weg zur Pfanne.

MEDIENPOLITIK

Vom Turm der alten Feuerwehren
- noch lange vorm Fernmeldewesen -
hielt Tag und Nacht ein Wächter Ausschau
nach Rauch und Feuerschein.

Alarm schlug laut die Messingglocke,
die Mannschaft sprang dem Wagen auf,
und jede Fahrspur war dem Fahrer recht.
Wie oft kippten die Spritzenwagen um!

Und so ist es auch heute noch:
Wenn irgendwo ein roter Einfallsfunke blitzt,
setzt man den Helm auf biedere Köpfe
und schwingt ledern die Feuerpatsche -

das ist die Rettung vor Gefahr.

Fakt 6

Der unfügbare Mensch

VOM HOPI-VOLK

Das Hopi-Volk, genannt »Indianer«,
lebt, wo die Sonne unbarmherzig sengt.
In ihrem Wohngebiet finden sich Kohlensäume,
die aus der Tiefe bis zur Oberfläche reichen.

Täglich hackten die Hopi so viel Kohle aus,
wie man am Feuerplatz zum Kochen braucht,
im Töpferofen auch und für die Winterheizung.
Ein paar Pfund Flammensteine reichten.

In drei Jahrhunderten, so schätzte man,
machte das Volk aus hunderttausend Tonnen Kohle Asche.
Der Brennstoff wurde sichtbar knapp.
Da trafen erste Franziskanermönche ein.

Sie brachten Eisenäxte mit und Esel
als Tragtiere für Brennholzbündel.
Abhilfe war so durch Ersatz geschaffen.
Die Hopi wuschen sich die schwarzen Hände

und dankbar ließen sie sich taufen.

DAS SCHICKSAL DES BLAUEN AUTOS

Sie spannten
ein großes blaues Fell
über die Hüttenwand.
Dem toten Auto abgezogen
sah man die Einstiche darin
der Spitzen ihrer Speere.

Die Löcher waren hart
am Rand mit Öl wie Blut verkrustet.
Zwei aufgeklappten Falterflügeln
glichen die Kühlerhauben.
Den Fenstern fehlte das Glas –
sie starrten hohl.

Auf jedem Pflock
stak eine von vier Gummitatzen,
auf denen sich das Auto
rollend fortbewegte.
Dem Tachometer hatten sie beim Fang
die Zähne ausgebrochen.

Die lange Kurbelwelle
warfen sie lachend in den Busch.
Als sie beim Ausschaben des Inneren
auf Kugellager stießen,
durften die Häuptlingsfrauen
sie umhängen als Schmuck.

Das Chassis gerbten sie
mit Feuer, Salz und Zauberformeln
wie Ziegenleder.
Zu frischgebrautem Bier
dröhnten die Riesentrommeln
den Freuden-Rhythmus.

Motorteile lagen umher
und Sitzgelegenheiten,
aus deren Polster Kapok hing.
Des blauen Autos Fahrer
blieb verschwunden.
Die Pelle hängt jetzt schimmernd

dort an der Hüttenwand.

ZULULÄNDLER

Es gibt ein Volk,
dem nichts gerade ist.
Es geht recht menschenfroh
dort zu und einfach.

Die runden Hütten
haben runde Türen,
die Wege auf dem Feld rundum
sind angelegt als Ringe.

Liegt nicht der Säugling
an der runden Brust?
Sind harte Ecken, scharfe Grenzen
denn anderes als Störung?

Weißblau bemalt das schwarze Volk
die Kugelhäuser
mit seinen Weltsymbolen,
dem Kreis und dem Oval.

Auf Fotos,
die man ihnen zeigt,
erkennen die Erwachsenen nichts.
Sie tragen runde Amulette.

Da sie Europa nicht verstehen,
kann sie Europa nicht bedrohen.
Einsteins gekrümmtem Raumzeitbild
viel näher als alles Lineare

sind sie die Mitte ihrer Runde.

FEHLSCHLAG

Seit Anbeginn der Welt
loben die Afrikaner
als Speisewürze
den blauen Rauch.

Ein paar Steine,
auf der Erde
zum Kreis gelegt,
bilden den Küchenherd.

Das kommt so billig
wie Brennholzstücke,
die man zusammenträgt
oder von Bäumen reißt.

Europas Ingenieure,
um Bäume stets besorgt,
bauten dem schwarzen Volk
besondere Sonnenherde.

Solarzellen beheizen
das Innere großer Schüsseln -
das müßte doch
zu exportieren sein.

Doch fächeln die Afrikaner
noch immer die Glut ihres Holzes
(bei uns bekannt am Sonntag
vom Grill auf dem Balkon).

Denn leider schmeckt
ohne Feuerrauch das Essen
nach nichts
als teurem Siemens-Blech.

TOTENFEIER 2

Die Grabhäuser
sind prunkvoller
als Wohnungen,
denn unser Leben
ist vorübergehend,
im Tod aber
denkt sich die Ewigkeit.

Deshalb holen
die Madegassen
einmal im Jahr
die Toten aus den Gräbern,
wiegen Gebeine
liebevoll im Arm
und tanzen zu Musik.

In neuem Strohgeflecht
setzt man sie wieder bei
und blickt voll Zuversicht
aufs Kommende
mit reicher Reisernte,
gesunder Kinderzahl
unter der Toten Segen.

In England
band der Butler
in der Familiengruft
im offnen Sarg
dem Reichen die Serviette um
und lud ihn ein,
an dem Familien-Tee
froh teilzunehmen.

Vermodern störte nicht
noch Fleischzerfall,
das Kind
strich mit dem Kamm
der stummen Schwester
durch das lange Haar,
so ehrte man,
die nicht mehr lebten.

Als ich einmal erlog,
ich hätte im Museum
unter den Binden einer Mumie
diese den Zeh
bewegen sehen,
war Unglaube gering
und groß das Staunen.

Denn wo wir
nichts erfahren können,
sucht Phantasie
Zugang zum Unbekannten,
weil die Begegnung
mit des Spiegelbildes Wirklichkeit
uns vor uns selbst

erschrecken läßt.

ETRUSKER-PFORTE

Seitlich der Eingangstür
und schmäler
sieht man bis heute
vermauert eine zweite.
Wenn ein Bewohner starb,
brachen die Handwerker
sie auf.

Kaum war
der Sarg hinausgetragen,
wurde im Nu
die Wand verschlossen,
damit der Widersacher Tod
durch den Verputz
nicht Zutritt fände.

Im Pockenhemd
und Pestgewand
blieb er nun kläglich
ausgesperrt.
Entlang der Häuserfront
belachten ihn
Fresken der Fröhlichkeit.

So legte man
es sich zurecht
von den Etruskern
bis Venedig.
Den Maurern
war der Extralohn willkommen,
und Priester segneten

den Heidenbrauch.

DIE MUTTER DER MATRJOSCHKA

Mutter Marmontowa
führte in der Altstadt Moskaus
einen kleinen Spielzeugladen,
vollgestopft mit Kinderträumen.

Platz fehlte in den Regalen.
Ware suchte die Marmontowa,
die man durch Ineinanderstellen
sozusagen klein bekam.

Da trat mittags aus der Kälte
eingemummelt und im Bastschuh
jener Drechsler aus Abramzewo,
der Abhilfe wußte.

Erstmals fräste er aus Weichholz
eine der Matrjoschka-Puppen,
die er ineinander schraubte,
bunt bemalt nach Bauernart.

Und schon flutete in Massen
dies Figürchen in den Handel.
Heute noch sind die Touristen
von dem Püppchen wie besessen.

Eine erste Goldmedaille
aus Paris im Jahre neunzig
gab es für die Bäuerliche,
in der immer weitere stecken.

Jede trug Kopftuch und Schürze
und zeigte die guten Züge
Frau Marmontowas mit dem Lädchen,
dessen Enge allen Kindern

ein Stück russisch' Glück geschenkt.

DAS SCHWEIN UND WIR

Die Schweine sind
uns eng verwandt.
In Urzeittagen deckten
uns beide Borsten.

Die weißen Schweine
sind wie unsre Weißen
die preisbestimmenden.
Saurüssel = Schukostecker.

Bei unsren Frauen
und bei Räucherschinken
spielt Schenkelfülle
eine große Rolle.

Ein Viertel seiner Energie
bezieht der Mensch aus Schweinefleisch.
Das Energiefutter
bezieht das Schwein von uns.

Saustallgeruch
und Schwein sind eines
wie unsre Männer
und Rasierwasser.

Bauchspeicheldrüse,
das weiß der Diabetiker,
und Schweinepancrea stehen sich nahe.
Mensch = gesengte Sau.

Alteber wie die Philosophen
suchen im Wald die Einsamkeit.
Die Herde wühlt nach Engerlingen.
»Maikäfer flieg«, singt unser Kindergarten.

Schweine und wir
berufen uns auf Rassen.
Wir tragen beide Ringe
im Nasenflügel oder Ohr.

Eng eingepfercht fressen die Schweine
der anderen Ringelschwänze ab.
Hier ist der erste Unterschied:
Geringelt sind unsere nicht.

GLÄNZENDE BILANZEN

Für Shoul N. Eisenberg (1921-1997)

In China ist der Senior Eisenberg gestorben.
Ein halbes Menschenleben unterhielt er ein Büro
in Peking. Eisenberg war Münchener
und einer, der aus Hitlers Deutschland floh.

Er war begabt, voll Energie und tüchtig,
wie es die Kaufleute, die jungen, damals waren.
Er gründete und unterteilte Firmen.
Für Mao ließ er Chemikalienfrachten fahren.

Mochten die Mächtigen »Embargo!« schreien.
Ihn schauten Kinder hungrig an.
Sein Wissen half das Elend einzugrenzen.
Was Menschen brauchen, schaffte er heran.

Einer der Söhne übernimmt das Erbe.
Der Großkonzern ist registriert im Heiligen Land.
Shoul Eisenberg erhielt zur Ehrung goldene Orden.
Koreaner, Deutsche, Juden reichten ihm die Hand.

Die hohe Stirn, die scharf gezogenen Brauen
bewiesen, was sein Lächeln schwerlich zeigt:
Des Industriellen Lebensfaden ist der Umsatz.
Bilanzen glänzen, wo die Weisheit schweigt.

Der alte Eisenberg, sechsfach Familienvater,
ihm war der Machsor-Inhalt wohlvertraut.
Auf Mandarin und Englisch und Hebräisch
hat er gekauft, verkauft, und nicht auf Sand gebaut.

Nun muß er unter frommen Alten warten
auf seinen Aufruf in der Stunde fürs Gericht.
Ich war ein Emigrant, wird er scheu lächelnd sagen.
Chinesen mochten mich. Die Deutschen nicht.

KINDHEITSMUSEUM

Pinocchio, Kasperl, Punch und Judy,
ob gut ihr Zustand oder demoliert,
sie stehen zwischen hundert Puppen
in Tüll, Samt oder Seide.

Goldlockig, pausbäckig, mit Mündchen
strichdünn auf Porzellan gemalt,
den Teddybär als Bräutigam,
blickt Mädchenspielzeug aus Vitrinen.

Holzknüppel aus dem Erzgebirge
sind roh geschnitzt bis auf's Gesicht,
das blickt voll angestrengtem Ernst
in eine Welt voll Armut.

Vom Spielzeug sorgenloser Kindheit
ist wenig da: ein rotlackiertes Auto.
Das Reitpony, der Park ums Haus
gehören nicht in ein Museum.

Puppen! Die phantasiegeschaffenen Idole
aus Stoff und Draht und Zelluloid,
gespenstisch tote Nachahmung des Lebens,
das wir ihnen gerne schenken möchten –

den Kindern zum Erstaunen.

GELOBTE GRUSELEI

Mit UFO-Themen kaufen in Amerika
meist weiße Leser, alt und jung,
Science Fiction dritter Klasse.

Sie gruseln sich gern auf Papier,
auf dem das Unbehagen endet,
sobald das Buch zu Ende ist.

Das andre große Unbehagen,
von dem nicht nur die Psychoanalyse lebt,
verschafft sich Daueraufenthalt.

Mit Junta-Offizieren Arm in Arm
stellen Minister sich den Fotografen.
Wehe, wenn Waffenhändler lächeln.

Wenn von Atommüll-Transaktionen
die Rede ist und Ölgeschäften,
wo feist die Muttersau die Ferkel frißt.

Vor Arbeitslosen wachsen Großvermögen.
Wen da kein Frösteln überkommt,
den brachte eine Eiswölfin zur Welt.

Wie tröstlich ist dagegen UFO-Gruselei,
die Bettlektüre nach der Abendschau,
in der auch wieder nichts zu sehen war

als Zwielicht mit zwei Zungen.

WINK AUS DER PSYCHIATRIE

Wer einen Sturmwind krachend
durch einen Schrotthof fegen sah,
versteht, daß solches
zum Bau eines Motors nicht reicht.

Wer einmal näher trat,
als man ein Segelflugzeug startete,
dem wächst die Lust
zum Skilaufen auf weißen Wolken.

Wer einmal Kellerasseln zählen wollte,
die er entdeckte, weiß,
um wieviel einfacher
sich Fußballspieler zählen lassen.

Und wer mir singt,
ein Affe und ein Personal Computer
könnten bei reichlich Zeitvorgabe
den ganzen Shakespeare neu erfinden -

der soll bei uns sich untersuchen lassen.

LUTHERANISCHES

Der Erzbischof von Mainz,
mutmaßte damals Martin Luther,
besaß ein ganzes Pfund vom Wind,
der vom Berg Horeb auf Elias blies.

Dazu gesellten sich zwei Federn
und ein von Sprüngen freies Ei
des Heiligen Geistes höchstpersönlich.
Das sind recht delikate Dinge.

Sie fordern delikate Finger,
denn wie die alten Mythen feingewebt
verschleiern sie des Volkes Auge
gegen den bösen Blick.

Zehn Jahre nach der Lutherübersetzung
des Neuen Testaments folgte das Alte
in deutscher Sprache 1532.
Aus diesen Zeiten kennt man viele Wunder -

an die zu glauben fröhlich macht.

GALILEISCHER ZEITVERGLEICH

Schwört ab, schwört ab
so wie der Sternengucker Galilei,
den Fürsten, Papst und Bettelvolk
zur Ordnung riefen.

Das Urteil gegen seine Fernrohrfakten
war niemals öffentlich zu lesen.
Im Halb und Halb der dunklen Kutten
versteckten sie die Infamie.

Wer widerruft, der wird verschont,
doch müsse er zuvor die Namen nennen
von jedem ihm bekannten Menschen,
der dächte so wie er.

Was ist der Unterschied zu heute?
Schwört ab, schwört ab,
gebt euren Nachbarn preis und selig steigt
über geheime Akten neu befördert auf.

BETRIEBSLEITERSITZUNG

Einer schaut bübisch drein,
ein anderer spitzbübisch,
das Gähnen unterdrückt der dritte,
der nächste hört erst gar nicht hin,
was da der Referatsleiter
des Wirtschaftsministeriums redet.

Alle sind Händler, und sie handeln
mit Energie, mit Fernwärme,
von der viel abhängt: Harzpressen
fürs Spanplattenherstellen beispielsweise.
Braunkohlenstaub befeuert
den vorbeheizten Grundlastkessel.

Man spricht von Wärmeabgabe,
Abwärmenutzung und dergleichen,
von Rauchgasfilter-Neuerungen.
Es wissen Spitzbube und Bube,
der Gähnende, der Seitwärtsblickende
von diesen Themen beinahe alles.

Zu dumm, die Arbeitslosigkeit,
von der versteh'n sie alle nichts.
Der Mann vom Wirtschaftsministerium
ist ein studierter Techniker.
Vollautomatisch läuft die Anlage,
und alle vierundzwanzig Stunden besucht sie

einsam ein Kontrolleur.

GOLDENE ZEITEN

Wir arbeiteten schwer -
aber wir hatten Arbeit.

Wir verdienten wenig -
aber wir verdienten.

Wir aßen karg -
aber wir aßen.

Wir tranken sauer -
aber wir tranken.

Wir kleideten uns ärmlich -
aber wir waren gekleidet.

Wir waren oft krank -
aber wir hatten Pflege.

Man lehrte uns wenig -
aber wir lernten.

Wir wußten nicht viel -
aber wir wollten wissen.

Wir wurden genarrt -
und wir ließen uns narren.

Wir wurden Soldaten -
und wir wurden besiegt.

Wir handelten falsch -
nun sind wir Handelsware.

Wir hatten Brüder und Schwestern -
jetzt fahren sie im Auto

an uns vorbei.

HISTORIKER-KONGRESS

Sie stellen alles auf den Kopf -
schicken Mord und Raub ins Vergessen.
Hört man ihnen eine Weile zu,
hat die Wurst den Metzger gefressen.

DISKRETES GESTÄNDNIS

Fischreiher
legen Anglerköder aus:
Sie werfen Stöckchen
vor sich ins Wasser,
um ihre Beute anzulocken.
Ihr Schnabelhieb
sitzt zielsicher genau.

Wie wohl wär mir,
mit gleicher Sicherheit
das Schlüsselloch zu treffen,
wenn ich spätabends
reiherblau, da weingefüllt
vor meine Haustür komm'.
Zehnmal hau' ich daneben.

Brandes & Apsel

Wolfgang Hermann Körner
Der Ägyptenreisende
Roman, 208 S., vierf. Hardcover
ISBN 3-86099-467-0

»...autosuggestionsgesättigter Roman ... die in ihm verarbeiteten Leiden und Lieben dienen dank zupackender und dramatisch ziel- und stilbewußter Sprache der Neuschöpfung eines akut von Bewußtseinsspaltungen bedrohten Ichs...« *(Journal,* Luxemburg*)*

Wolfgang Hermann Körner
Fronäcker
Roman, 216., vierf. Paperback
ISBN 3-86099-478-6

Kaihm, in Not geraten, kehrt aus der Wüste eines Eremitendaseins nach Syndlingen zurück, das er vor über dreißig Jahren verließ, weil er es als dumpf und selbstgerecht empfunden hatte, so normal wie brutal. Jetzt aber bröckelt die Heimatstadt auseinander. Dafür sind die Sitten noch gemeiner, der Verlust an humanen Werten und menschlichen Tugenden ist noch größer geworden. Raffiniert verknüpfte Handlungsfäden führen in ein surreales Labyrinth.

Abdellatif Laâbi
Die Sonne stirbt
Gedichte. Aus d. Franz. v. R. Fischer
112 S., Frz. Br., ISBN 3-86099-475-1

Laâbi, einer der wichtigsten Dichter des Maghreb, schreibt von der Vernichtung der Träume – und ihrem Weiterleben in einer Welt der Gewalt. Der Zerrissenheit setzt er die Revolte als Programm entgegen, getrieben von nie ganz zerbrechender Hoffnung.
»...Symbol des intellektuellen Widerstands in Marokko.« *(Kindlers Neues Literatur Lexikon)*

Saliha Scheinhardt
Lebensstürme
Roman, 216 S., vierf. Hardcover
ISBN 3-86099-476-X

Eine Frau, fast fünfzig, blickt zurück, leidenschaftlich und verunsichert. Heimgekehrt in die Türkei nach Jahrzehnten in Deutschland, erlebt sie die anziehenden wie die abstoßenden Seiten des Landes, aus dessen erstickenden Konventionen sie einst als junge Frau ausbrach.
In kein Zuhause geboren und keines im Leben gefunden – das ist die schonungslose Bilanz einer sich zwischen den Kulturen bewegenden Frau.

Ernst Heimes
Die Nacht geht Farben holen
Worte wider den
herrschenden Klamauk
128 S., vierf. Pb., ISBN 3-86099-473-5

Satirisches und Wortspielerisches, Ernstes und Heiteres: Heimes gehört zu den Wortkünstlern, die die Möglichkeiten der Sprache virtuos zu nutzen wissen.
»Spaß und Kreativität auf hohem Niveau.« *(Rhein-Zeitung)*
»Ernst, spaßig, nachdenklich, bisweilen aber auch provokativ...«
(Trierischer Volksfreund)

Ernst Heimes
Schattenmenschen
128 S., vierf. Pb. ISBN 3-86099-449-2

Ernst Heimes' Erzählung führt uns in das Räderwerk der nationalsozialistischen Vernichtungsmaschinerie.
»...eine Gratwanderung zwischen Widerstand und Mitläufertum in erzählerisch bemerkenswerter Dichte...ohne Zweifel Heimes bisher bestes, auch ein wichtiges Buch.« *(Rhein-Zeitung)*